NOTICE

DES LIVRES

DE LA BIBLIOTHÉQUE

De feu M. P. CH. POTHOUIN,

Ancien Avocat au Parlement, & ancien Bâtonnier de MM. les Avocats.

Dont la Vente se fera le Lundi 4 Juillet 1785, & jours suivans, quatre heures de relevée, en sa maison, rue de la Harpe,

A PARIS,

Chez DE BURE, fils aîné, Libraire, quai des Augustins, N°. 43.

NOTICE des Livres de la Bibliothéque de feu M. P. Ch. POTHOUIN, ancien Avocat au Parlement, & ancien Bâtonnier de MM. les Avocats ; dont la vente se fera le Lundi 4 Juillet 1785, & jours suivans, en sa Maison, rue de la Harpe, N°. 132.

N°. 1. 23 *Volumes* in-*folio ;* dont

JOURNAL du Palais, par Blondeau & Gueret. *Paris,* 1737. 2 vol. — — — — — — 28

Recueil de plusieurs Arrêts notables du Parlement de Paris, pris des Mémoires de G. Louet, avec les remarques de Guy du Rousseaud de la Combe. *Paris,* 1742. 2 vol. — 62

Arrêts notables du Parlement de Provence, par Boniface. *Paris,* 1670. 6 vol. — — — — 70 — 1.

Traité des Donations, par Ricard. *Paris,* 1734, 2 vol. — — — — — — 13 — 19

n. 28 — Œuvres de Claude Henrys. *Paris,* 1708, 2 vol. n. 27 — 10 D

Traité des Successions, par le Brun. *Paris,* 1743, 1 vol. — — — — — 5 — 19

Traité de la Communauté, par le même. *Paris,* 1733, 1 vol. — — — — — — 9

A

N°. 2. 25 *Volumes* in-*folio*, dont

Journal des principales Audiences du Parle-
ment, par Dufrefne. *Paris*, 1733, 7 vol.
Arrêts de Bardet, avec les Notes de Betroyer.
Paris, 1690, 2 vol.
Œuvres de Bacquet *Lyon*, 1744, 2 vol.
Arrêts de Soefve. *Paris*, 1682, 2 vol.

N°. 3. 26 *Volumes* in-*folio*, dont

Offices de France, par Joly. *Paris*, 1638, 2 vol.
De l'ufage des Fiefs, par Salvaing. *Grenoble*,
1731, 1 vol.
Les Edits & Ordonnances des Rois de France,
recueillis par Fontanon. *Paris*, 1611, 3 vol.

N°. 4. 32 *Volumes* in-*folio*, dont

Coutume de Normandie, par Bafnage. *Rouen*,
1694, 2 tomes en 1 vol.
Caroli Molinæi opera. *Parifiis*, 1681, 5 vol.
Jacobi Cujatii opera. *Lutetiæ Parifiorum*, 1637,
6 vol.

N°. 5. 33 *Volumes* in-*folio*, dont

Pandectæ Juftinianæ, in novum ordinem di-
geftæ, à R. J. Pothier. *Parifiis*, 1748, 3 v.
Corpus Juris Civilis, cum notis D. Gothofredi.
Lutetiæ Parifiorum, *Vitray*, 1628, 2 vol.
Codex Theodofianus, cum Commentariis Jac.
Gothofredi. *Lugduni*, 1665, 6 vol.
Jacobi Cujatii opera omnia. Studio C. An. Fa-
broti. *Lutetiæ Parifiorum*, 1658, 10 vol.

Nº. 6. 48 *Volumes* in-*quarto*, dont

Coutume du Bailliage de Senlis , comm ntée par de Saint-Leu. *Paris*, 1703, 1 vol. — 29 .. 19

Coutumes des Bailliages de Sens & de Langres, commentées par Juste de Laiftre. *Paris*, 1731, 1 v. — 22 .. 19

Coutume de Touraine, commentée par Pallu. *Tours*, 1661, 1 vol. — 7 .. 10

Abrégé du Commentaire de la Coutume de Touraine, par Jacquier. *Paris*, 1761, 2 vol. ... 10

Commentaire fur les Coutumes du Bailliage de Meaux, par Bobé. *Paris*, 1683, 1 vol. — 19 .. 5

Coutume de Normandie, expliquée par Pefnelle. *Rouen*, 1759, 1 vol. — 5 .. 17

Nº. 7. 45 *Volumes* in-*quarto*, dont

Actes de Notoriété, avec les Notes de J. B. Denifart. *Paris*, 1759, 1 vol. — 5 .. 1

Collection de Jurifprudence, par J. B. Denifart. *Paris*, 1763, 5 vol. — 23 .. 19

Traité des Fiefs, par Guyot. *Paris*, 1746, 6 vol. 62 ... 8

Traité des Teftamens, par Furgole. *Paris*, 1745, 4 vol. — 28 .. 19

Mémoires concernans la nature & la qualité des Statuts ; le Senatus Confulte Velleïen, &c. par Froland. *Paris*, 1729, 4 vol. — 16 .. 19

Differtations fur des queftions qui naiffent de la contrariété des Loix & des Coutumes, par Boullenois. *Paris*, 1752, 1 vol. — 14 .. 2

La Jurifprudence des Novelles de Juftinien, par de Ferrière. *Paris*, 1688, 1 vol. — 9 .. 5

Arrêtés de M. de Lamoignon. 1702, 1 vol. — 9 .. 4

21. — — — Conférence des Ordonnances de Louis XIV, par Bornier. *Paris*, 1755, 2 vol.

32 — 1 — Conférence de l'Ordonnance de Louis XIV, sur le fait des Eaux & Forêts. *Paris*, 1752, 2 vol.

20 — 14 — Traité des droits, privilèges & fonctions des Conseillers du Roi, Notaires, par Langloix. *Paris*, 1738, 1 vol.

N°. 8. 45 *Volumes* in-douze, dont

14 — 19 — Abrégé de l'Histoire de l'Ancien Testament. *Paris*, 1737, 10 vol.

8 — 1 — Mémoires de Bassompierre. *Amsterdam*, 1723, 4 vol.

23 — 19 — Mémoires ou Économies Royales d'État, par Maximilien de Béthune, Duc de Sully. *Amsterdam*, 1725, 12 vol.

N°. 9. 67 *Volumes* in-douze, dont

10 — 15 — Missel de Paris. *Paris*, 1738, 4 vol. M. N.
Diurnale Parisiense. *Parisiis*, 1745, 2 vol. = L'Office de la Semaine-Sainte. *Paris*, 1730, M. N.

4 — 19 — Titus Lucretius Carus, accurante S. And. Philippe. *Lut. Par.* 1748, 1 vol.

2 — 11 — Q. Horatii Flacci carmina, accurante S. And. Philippe. *Parisiis*, 1746, 1 vol.

3 — 14 — Phædri Fabulæ, accurante S. And. Philippe. *Parisiis*, 1748, 1 vol.

4 — 5 — Catullus, Tibullus & Propertius. *Lug. Bat.* 1743, 1 vol.

3 — 13 — De Imitatione Christi, libri IV, ex recensione Jos. Valart. *Parisiis*, 1773, 1 vol.

Pub. Virgilii Maronis opera. *Amstelodami*, ex officina Elzeviriana, 1676, 1 vol.   3 — 12

C. Corn. Taciti opera. *Lugd. Bat.* ex officina Elzeviriana, 1640, 1 vol.   4 — 2

Œuvres de Molière, *Paris*, 1749, 8 vol.   11

Œuvres de Rabelais. 1663, 2 vol.   12

Code de la Librairie. *Paris*, 1744, 1 vol.   5 — 7

Illustrations & remarques sur les Coutumes du Maine, par Bodreau. *Au Mans*, 1658, 2 vol.   11

Histoire du Peuple de Dieu, par le P. Berruyer. *Paris*, 1742, 18 vol.   24

Nº. 10. 15 *Volumes* in-*folio*, dont

Nouveau Coutumier général, par Bourdot de Richebourg. *Paris*, 1724, 4 vol.   137 — 12

Œuvres d'Auzanet. *Paris*, 1708, 1 vol.   22 — 4

Duplessis, sur la Coutume de Paris. *Paris*, 1726, 2 vol.   32 — 16

Commentaire sur la Coutume de Paris, par de Ferrière. *Paris*, 1714, 4 vol.   63 — 4

La Conférence des Coutumes, par Guesnois. *Paris*, 1596, 1 vol.   36 — 1

Atlantis majoris quinta pars, orbem maritimum continens. *Amstelodami*, Jansson, 1650, 1 vol. *Ce volume fait le quatorzième de l'Atlas de Blaeu, auquel il manque quelquefois. Les Cartes sont fort bien coloriées.*   24

Nº. 11. 18 *Volumes* in-*folio*, dont

Le Droit commun de la France, par Bourjon. *Paris*, 1747, 2 vol.   17 — 16

Traité de la Police, par Delamare. *Paris*, 1713, 4 vol.

Coutume d'Artois, par Maillard. *Paris*, 1739, 1 vol.

B. d'Argentré, Commentarii in patrias Britonum leges. *Parisiis*, 1646, 1 vol.

Coutume de Poitou, avec les Observations de L. Boucheul. *Poitiers*, 1727, 2 vol.

Les Coutumes du Maine, par Bodreau. *Paris*, 1645, 1 vol.

Remarques sur la Coutume du Maine, par des Malicottes. *Au Mans*, 1657, 1 vol.

Le Grand Coutumier du Pays du Maine, par G. le Rouille. *Paris*, 1535, 1 vol. Goth.

Commentaires sur les Coutumes de Berry, par Thaumas de la Thaumassière. *Bourges*, 1701, 1 vol.

N°. 12. 16 *Volumes* in-folio, dont

B. d'Argentré, Commentarii in patrias Britonum leges. *Parisiis*, 1661, 1 vol.

Dictionnaire étymologique de la Langue Françoise, par Ménage. *Paris*, 1750, 2 vol.

Dictionnaire de Commerce, par Savary. *Paris*, 1741, 3 vol.

N°. 13. 15 *Volumes* in-folio, dont

Dictionnaire des Arrêts, par Brillon. *Paris*, 1727, 6 vol.

Recueil de Jurisprudence Canonique, par Guy du Rousseaud de la Combe. *Paris*, 1748, 1 vol.

Œuvres de le Bret. *Paris*, 1689, 1 vol.

N°. 14. 19 *Volumes* in-*folio*, dont

Œuvres de Guy Coquille. *Bordeaux*, 1703, 2 vol.   30

Coutumes d'Anjou, par Pocquet de Livonnière. *Paris*, 1725, 2 vol.   86 3

Le Coutumier de Picardie & de Vermandois. *Paris*, 1726, 4 vol.   33 3

Les Coutumes d'Angoumois, par Vigier. *Angoulême*, 1720, 1 vol.   17 10

Leggi e Coſtituzioni di S. M. Re di Sardegna. *In Torino*, 1723, 1 vol.   3 12

Explication des Statuts, Coutumes & Uſages obſervés dans la Province de Breſſe, Bugey, &c. par Collet. *Lyon*, 1698, 1 vol.   17

N°. 15. 21 *Volumes* in-*folio*, dont

Les Coutumes & Loix des Villes de Flandre, par le Grand. *Cambray*, 1719, 3 vol.   62 .. 19

Coutume du Baillage de Troyes, par L. le Grand. *Paris*, 1715, 1 vol.   13 .. 16

Coutumes du Bailliage de Vitry en Perthois, par Durand. *Châlons*, 1722, 1 vol.   11 - 19

Coutumes du Bourbonnois, par Auroux des Pommiers. *Paris*, 1732, 1 vol.   16 .. 19

Les Coutumes anciennes de Lorris & Montargis, par Thaumas de la Thaumaſſière. *Bourges*, 1678, 1 vol.   3

Les Œuvres de Henri Baſnage. *Rouen* 1709, 2 vol.   18 .. 19

Ordonnance de Louis XV, ſur les donations,   18 .. 19

avec les Ofervations de J. B. Furgole. *Tou-
louſe*, 1733, 1 vol.

3 - - - 12   Le grand Coutumier de Normandie; par G.
le Rouille. *Rouen*, 1539, 1 vol. goth.

N°. 16. 17 *Volumes in-folio*, dont

2   Tripartitum opus Decretorum & Conſtitutio-
num Regni Hungariæ, Stephani Werbenzi.
Viennæ Auſtriæ, 1628, 1 vol.

9 - - 19   Antiquæ Conſtitutiones Regni Angliæ; per G.
Prynne. *Londini*, 1672, 2 vol.

25 - - 2   Les Edits, Ordonnances & Jugemens notables des Eaux & Forêts; par de Sainctyon.
Paris, 1610, 1 vol.

65 - - -   Recueil d'Edits & d'Ordonnances royaux; par
Néron. *Paris*, 1720, 2 vol.

9 - - 15   Traité de la Cour des Monnoies; par G. Conſ-
tans. *Paris*, 1658, 1 vol. gr. papier.

33 - 10   Compilation chronologique des Ordonnances,
Edits, &c. par Blanchard. *Paris*, 1715, 2 v.

16 - 4   Les Œuvres d'Etienne Paſquier. *Amſterdam*,
1723, 2 vol.

N°. 17. 15 *Volumes in-folio*.

249 - 19   Ordonnances des Rois de France; par Secouſſe.
Paris, 1723, 12 vol.

37 - -   Capitularia Regum Francorum, ſtudio S. Balu-
zii. *Pariſiis*, 1677, 2 vol.

47 - 12   Codex legum antiquarum, ex Bibliotheca Frid.
Lindenbrogii. *Francofurti*, 1613, 1 vol.

N.°. 18 21 *Volumes in-folio*, dont

95 - 19   Hiſtoire généalogique de la Maiſon Royale

de France ; par le Père Anfelme. *Paris*, 1726, 9 vol.

N°. 19. 18 *Volumes in-folio*, dont

Julii Pollucis Onomafticon, græce & latine, curâ Tib. Hemfterhuis. *Amfteladami*, 1706, 2 vol. . . . . 24 — 1

Stephanus de Urbibus, gr. & lat. cum obfervationibus Th. de Pinedo. *Amftelodami.* 1678, 1 vol. . . . . 6 — 7

Athenæi deipnofophiftarum, libri XV, gr. & lat. ex recenfione Ifaaci Cafauboni. *Lugduni*, 1612, 1 vol. 33

Themiftii Orationes, gr. & lat. cum obfervationibus Jo. Harduini. *Parifiis*, 1684, 1 v. . 11

M. T. Ciceronis opera omnia, ex recenfione Ifaaci Verburgii. *Amfteladami*, 1724, 2 v. . 45 — 1

N°. 20. 24 *Volumes in-quarto*, dont

Œuvres de M. le Chancelier d'Aguelfeau. *Paris*, 1759, 11 vol. . . . . 98 — 1

Queftions concernant les Subftitutions. *Touloufe*, 1770, 1 vol. . . . . 9 — 19

Commentaire fur la Coutume de la Rochelle, par Valin. *La Rochelle*, 1756, 3 vol. . . 34 — 19

Nouveau Commentaire fur l'Ordonnance de la Marine ; par Valin. *La Rochelle*, 1766, 2 v. . 18 — 16

Siéges royaux reffortiffans directement au Parlement de Paris. *Paris*, 1776, 1 vol. . . 8 — 19

Traité de la Mort civile ; par Richer. *Paris*, 1755, 1 vol. . . . . 8 — 15

Differtation hiftorique fur quelques Monnoies . 10 — 15

de Charlemagne ; par le Blanc. *Paris*, 1689,
1 vol.

Le Droit de la Guerre & de la Paix ; trad. de
Grotius par Barbeyrac. *Amsterdam*, 1729,
2 vol. gr. papier.

N°. 21. 26 *Volumes in-folio*, dont

Histoire d'Angleterre ; par Larrey. *Rotterdam*,
1707, 4 vol. fig.
Les Œuvres de Loyseau. *Paris*, 1660, 1 vol.
Dictionnaire historique ; par Bayle. *Rotterdam*,
1720, 4 vol.

N°. 22. 23 *Vol. in-folio & in-quarto*, dont

La Conférence des Coutumes par Guesnoys.
Paris, 1596, in fol.
Journal des principales Audiences du Parlem.
par du Fresne. *Paris*, 1733, 5 v. in-fol.
Les Œuvres de Guy Coquille. *Paris*, 1666,
2 vol. in-fol.
La manière de poursuivre les crimes dans les
différens Tribunaux du Royaume. *Paris*,
1739, 2 vol. in-4.
Conférence de l'Ordonnance de Louis XIV,
sur le fait des Eaux & Forêts. *Paris*, 1725,
2 vol. in-4.
Commentaire sur les Coutumes de Meaux ;
par Bobé. *Paris*, 1683, in-4.
Traité de la Noblesse ; par de la Roque. *Rouen*,
1734, in-4.
Œuvres de Henrys. *Paris*, 1708, 2 v. in-fol.

Hiftoire de Berry, par Thaumas de la Thaumaffière. *Bourges*, 1689, in-fol. . - . . .
Priviléges & Coutumes de la ville d'Amfter-
dam , en Hollandois. *Amfterd.* 1662, in-fol. .

N°. 23. 48 *Vol. in-4. & im-12* , dont

M. T. Ciceronis opera, ex recenfione Ifaaci
Verburgii. *Amfteladami* , 1724, 16 v. in-8. .
Abrégé de l'Hiftoire Eccléfiaftique, par Racine.
Utrecht , 1748 , 13 vol in-12. . - - -

N°. 24. 30 *Volumes in-4. & in-8* , dont

C. Cornelii Taciti opera , interpretatione &
notis illuftravit Jul. Pichon, in ufum Delphini.
Parifiis , 1682 , 3 vol. in 4. - - . .
Valerii Maximi exemplorum memorabilium
libri novem ; interpretatione & notis illuftravit Jof. Cantel , in ufum Delphini. *Parifiis* , 1679 , in-4. . - . . . . .
M. Fabii Quintiliani opera , cum notis variorum. *Lugd. Batav.* 1665 , 2 vol. in-8. .
Titi Livii hiftoriæ , cum notis variorum. *Am-
telodami* , 1665 , 3 vol. in 8. - - -

N°. 25. 20 *Volumes in-folio* , dont

Recueil d'Edits & d'Ordonnances royaux ; par
Néron. *Paris*, 1720 , 2 vol. . - - - .
Queftions Notables ; par Soefve. *Paris* , 1682,
1 vol. . - - . - . .
Arrêts de Bardet. *Paris* , 1690 , 1 vol. . . . .
Le Coutumier de Picardie & de Vermandois.
Paris.

4 ···· 18   Coutume d'Orléans ; par Delalande. *Orléans*, 1704, 1 vol.

12 ····   Coutume de Troyes ; par le Grand, *Paris*, 1715, 1 vol.

4 ····   Les Coutumes du Maine ; par Bodreau. *Paris*, 1645, 1 vol.

80 ···· 4   Coutumier général du Comté de Poitou ; par Boucheul. *Poitiers*, 1727, 2 vol.

15 ·· 19   Les Coutumes d'Angoumois ; par Vigier. *Angoulême*, 1720, 1 vol.

6 ····   Les Coutumes & Statuts particuliers de la plupart des Bailliages, Sénéchauffées, &c. du Royaume de France. *Paris*, 1550, 1 v.

24 ····   Commentaires fur les Coutumes de Berry ; par Thaumas de la Thaumaffière. *Bourges*, 1701, 1 vol.

N°. 26. 27 *Volumes in-quarto*, dont

98 ···· 19   Hiftoire des Voyages ; par l'Abbé Prevoft. *Paris*, 1746, 17 vol.

15 ·· 19   Mémoires concernant la nature & la qualité des Statuts & autres Ouvrages de Froland, *Paris*, 1729, 4 vol.

12 ···· 1   Hiftoire du Vicomte de Turenne ; par Ramfai. *Paris*, 1735, 2 vol.

8 ···· 19   Les antiquités de la ville & Duché d'Etampes ; par Dom Fleureau. *Paris*, 1683, 1 vol.

N°. 27. 57 *Volumes in-quarto*, dont

45 ···· 3   Hiftoire Eccléfiaftique ; par M. de Fleury. *Paris*, 1722, 36 vol.

Nº. 28. 51 *Volumes in-douze*, dont

Code de Louis XV. *Paris*, 1758, 12 vol. --- 13 .. 19
Hiftoire du Ciel; par Pluche. *Paris*, 1742,
2 vol.
Le Spectacle de la Nature; par le même. 24 --- 1
Paris, 1744, 9 vol.

Nº. 29. 69 *Volumes in-douze*, dont

Sermons de Bourdaloue. *Paris*, 1716, 15 vol. 34 .. 15
Hiftoire Eccléfiaftique; par M. de Fleury.
Bruxelles, 1713, 36 vol. . . . . . 48 --- 1

Nº. 30. 25 *Volumes in-quarto*, dont

Loix & Conftitutions des Colonies Françoifes
de l'Amérique fous le vent; par M. Moreau
de S.-Mery. *Paris*, 1 vol. . . . 5 .. 12
Differtazioni fopra le antichita Italiane da Lod.
Ant. Muratori. *in Monaco*, 1765, 3 vol. 15 ..
Opere del Signor Abate Pietro Metaftafio. *in
Parigi*, 1780, 12 vol. in-4. gr. papier de
Hollande, en feuilles. Les figures font des
premières épreuves. . . . 159 .. 19

Nº. 31. 30 *Volumes in-quarto*.

Hiftoire de l'Académie Royale des Infcriptions
& Belles-Lettres. 30 vol. . . . 175 .. 19

Lu & approuvé à Paris, ce 25 Juin 1785, FOURNIER,
Adjoint.

Les Livres seront exposés dans l'ordre qui suit.

Lundi 4 Juillet.

Les Nos. 9. 3. 6. 4. 5.

Mardi 5.

Les Nos. 8. 7. 12. 13. 14.

Mercredi 6.

Les Nos. 23. 24. 20. 15. 18.

Jeudi 7.

Les Nos. 28. 27. 22. 21. 2.

Vendredi 8.

Les Nos. 29. 26. 19. 25. 1.

Samedi 9.

Les Nos. 11. 16. 10. 17. 31. 30.

ON vendra au commencement de chaque Vacation des Livres qui n'ont pas pu être détaillés.